Carta sobre a felicidade

(a Meneceu)

FUNDAÇÃO EDITORA DA UNESP

Presidente do Conselho Curador
Mário Sérgio Vasconcelos

Diretor-Presidente
Jézio Hernani Bomfim Gutierre

Superintendente Administrativo e Financeiro
William de Souza Agostinho

Conselho Editorial Acadêmico
Danilo Rothberg
Luis Fernando Ayerbe
Marcelo Takeshi Yamashita
Maria Cristina Pereira Lima
Milton Terumitsu Sogabe
Newton La Scala Júnior
Pedro Angelo Pagni
Renata Junqueira de Souza
Sandra Aparecida Ferreira
Valéria dos Santos Guimarães

Editores-Adjuntos
Anderson Nobara
Leandro Rodrigues

EPICURO

Carta sobre a felicidade

(a Meneceu)

Tradução e apresentação de
Álvaro Lorencini e Enzo Del Carratore

Fundação Editora da UNESP (FEU)
Praça da Sé, 108
01001-900 – São Paulo – SP
Tel.: (0xx11) 3242-7171
Fax: (0xx11) 3242-7172
www.editoraunesp.com.br
www.livrariaunesp.com.br
atendimento.editora@unesp.br

(Texto baseado na edição de G. Arrighetti,
Epicuro. Opere, Torino, 1973.)

Dados Internacionais de Catalogação na Publicação (CIP)
(Câmara Brasileira do Livro, SP, Brasil)

Epicuro

  Carta sobre a felicidade: (a Meneceu) / Epicuro; tradução e apresentação de Álvaro Lorencini e Enzo Del Carratore. – São Paulo: Editora UNESP, 2002.

  Título original: Lettera sulla felicità.
  Texto baseado na edição de G. Arrighetti.
  ISBN: 85-7139-397-4

  1. Epicuro – Crítica e interpretação 2. Felicidade 3. Filosofia antiga I. Lorencini, Álvaro. II. Carratore, Enzo Del. III. Arrighetti, G. IV. Título.

02-2880   CDD-187

Índices para catálogo sistemático:
1. Epicurismo: Filosofia antiga 187
2. Filosofia epicurista: Filosofia antiga 187

Editora afiliada:

INTRODUÇÃO

Cronologia de Epicuro

Epicuro nasceu em 341 a. C., na ilha grega de Samos, mas sempre ostentou a cidadania ateniense herdada do pai emigrante. Em Samos, ele passou a infância e a juventude iniciando os estudos de filosofia com o acadêmico Pânfilo, filósofo platônico cujas lições seguiu dos 14 aos 18 anos.

Ao atingir essa idade, em 323, Epicuro transfere-se para Atenas, a fim de cumprir os dois

6 • Epicuro

anos obrigatórios do treinamento militar destinado aos efebos. Nessa mesma condição, encontra como colega de turma o futuro dramaturgo Menandro, de quem se torna amigo. É em Atenas, capital cultural da Grécia Antiga, que Epicuro irá também encontrar os grandes filósofos ainda em atividade após o desaparecimento de Sócrates e Platão (com exceção de Aristóteles, banido da cidade e refugiado em Cálcis, onde viria a falecer no ano seguinte), desde Teofrasto, o sucessor de Aristóteles no Liceu, até Xenócrates, diretor da Academia, cujos ensinamentos ele certamente seguiu.

Em 322, após a morte de Alexandre Magno, o sucessor deste decide expulsar de Samos todos os

colonos atenienses, entre os quais a família inteira de Epicuro. É então que este decide abandonar Atenas para ir juntar-se a seus familiares desterrados em Cólofon, na costa asiática.

Próximo dali, em Teos, Epicuro passa a acompanhar os ensinamentos de Nausífanes, filosófo atomista que o inicia no pensamento de Demócrito, que de início o entusiasma, mas cuja revisão ele já começa a empreender ao fundar sua própria escola em Cólofon.

Entre 311 e 310, tenta fundar outra escola em Mitilene, na lendária ilha de Lesbos, mas é impedido pelos aristotélicos que ali pontificavam. Muda-se então para Lâmpsaco, nos Dardanelos, onde também entra em choque,

desta vez com os platônicos, mas consegue, assim mesmo, instalar uma escola. É aqui, e nesta época, que ele conquista seus adeptos mais ilustres, que passarão a acompanhá-lo pelo resto da sua existência: Hermarco, Colotes, Metrodoro, Pítocles e Heródoto (estes dois últimos, por sinal, ao lado de Meneceu, são justamente os destinatários privilegiados das três célebres cartas que costumam ser apontadas como a súmula do pensamento epicurista).

No ano 306, Epicuro regressa finalmente a Atenas, onde adquire uma ampla casa logo acrescida de um grande jardim, para o fim exclusivo de instalar aquela que viria a ser a sua célebre escola ateniense, muito logo conhecida

como "O Jardim de Epicuro". Enquanto na casa habitavam os mestres, ou seja, além do próprio Epicuro, também os antigos discípulos, Hermarco e Metrodoro, entre os mais ilustres, no amplo jardim, acampados em barracas e cultivando hortaliças, instalavam-se os novos discípulos vindos das mais distantes regiões. Após a morte de Epicuro, aos 72 anos de idade, em 270 a. C., foi o fiel Hermarco quem o sucedeu na direção da escola.

A doutrina de Epicuro

A presente *Carta sobre a felicidade*, para além de sua significação intrínseca, não deixa de ser um documento absolutamente decisivo para

desfazer aquele equívoco que uma tradição apressada costuma associar à doutrina epicurista, quase sempre confundida com o gozo imoderado dos prazeres mundanos, como se não se distinguisse do hedonismo puro e simples. Além das explícitas menções em contrário, que o próprio texto da carta não deixa de registrar, são inúmeros os testemunhos fidedignos atestando que, no célebre "Jardim de Epicuro", vicejava uma autêntica comunidade, onde mestre e discípulos viviam de maneira quase ascética, consumindo apenas as hortaliças que eles próprios cultivavam, às quais acrescentavam apenas pão e água, ou ainda queijo em ocasiões especiais. Seja como for, não há dúvida de que a

Carta sobre a felicidade • 11

real importância da doutrina epicurista está muito longe de consubstanciar-se em aspectos puramente circunstanciais como esses, que chegam a resvalar para o campo do anedótico. Nesse sentido, a carta que aqui se apresenta não deixa de repor as coisas em seus devidos lugares.

Por outro lado, durante longo tempo e de maneira quase similar, outra tradição não menos equivocada costumava insistir na tese de considerar Epicuro como um simples e superficial imitador de Demócrito, o qual seria, este sim, o filósofo original e profundo, o verdadeiro criador do atomismo. Curiosamente, foi Karl Marx, na sua tese de doutorado sobre *A relação entre a filosofia de Epicuro e a de Demócrito,*

12 • Epicuro

quem primeiro procurou desfazer esse equívoco, chegando até a inverter totalmente os papéis tradicionais. Segundo Marx, a teoria atômica de Demócrito, que se distingue primeiramente pela crença universal na lei de causa e efeito, aplica-se indistintamente tanto ao mundo da natureza quanto ao homem. Portanto, Demócrito, do ponto de vista filosófico, pode ser imediatamente considerado determinista ou fatalista. Quanto a Epicuro, se é verdade que aceitava a teoria de Demócrito na parte referente à constituição e ao comportamento da matéria, por outro lado, repelia veementemente o determinismo e o fatalismo. Mais uma vez, essa rejeição aparece explícita na nossa *Carta sobre a felicidade*, quando

se diz que "mais vale aceitar o mito dos deuses, do que ser escravo do destino dos naturalistas". Com efeito, na sua descrição do átomo, Epicuro não deixa de preservar a vontade humana e a liberdade individual, incluindo em seu sistema a sociedade e a consciência moral. Hoje parece não haver dúvida de que esses e outros aspectos tiveram influência decisiva na própria formação do pensamento marxista.

Tal como foi originalmente criado, sem qualquer outra contribuição posterior, o epicurismo sobreviveu por cerca de sete séculos no mundo greco-romano, tendo encontrado em Lucrécio, Sêneca e Cícero seus mais ilustres discípulos tardios.

A carta sobre a felicidade

Ao lado de uma *Carta a Heródoto*, tratando da física atômica, e de uma *Carta a Pítocles*, a propósito dos fenômenos celestes, esta *Carta a Meneceu*, de Epicuro a outro de seus discípulos, é mais conhecida como *Carta sobre a felicidade*, já que versa justamente sobre a conduta humana tendo em vista alcançar a tão almejada "saúde do espírito".

Inicia-se a carta por uma decidida exortação ao exercício da filosofia, considerada desde logo como uma disciplina cuja única meta é justamente tornar feliz o homem que a pratica, de tal modo que este deve cultivá-la durante

todo o transcurso de sua existência, desde a mais tenra juventude até a idade mais avançada. Após esse exórdio, o filósofo passa a transmitir para o discípulo aqueles tópicos que considera essenciais para essa busca permanente da felicidade, a começar pela crença na existência dos deuses, considerados entes imortais e bem-aventurados.

No tópico seguinte, aparece a morte, apresentada como o mais aterrador dos males. Torna-se absolutamente necessário vencer esse medo da morte; ninguém deve temê-la, uma vez que não há nenhuma vantagem em viver eternamente: o que importa não é a duração, mas a qualidade da vida.

Desfilam, em seguida, as várias modalidades de desejo, acompanhadas da necessidade imperiosa de controlá-lo, tendo em mira tanto a saúde do corpo quanto a tranquilidade do espírito, o que, por outro lado, não deixa de ser também uma boa definição do próprio prazer, tal como Epicuro o concebe. O prazer, como bem principal e inato, não é algo que deva ser buscado a todo custo e indiscriminadamente, já que às vezes pode resultar em dor. Do mesmo modo, uma dor nem sempre deve ser evitada, já que pode resultar em prazer.

De qualquer maneira, recomenda-se uma conduta comedida em relação aos prazeres, valendo, para este caso, aquele mesmo prin-

cípio da qualidade em detrimento da quantidade.

Finalmente, o homem sábio, para Epicuro, jamais deve acreditar cegamente no destino e na sorte como se estes fossem fatalidades inexoráveis e sem esperança, parecendo despontar aqui aquela sua crença na vontade e na liberdade do homem.

Eis aí, em suma, os pontos essenciais sobre os quais Epicuro exorta Meneceu, garantindo-lhe que a prática correta de tais ensinamentos será capaz não só de levá-lo à mais completa felicidade, mas até mesmo a sentir-se como um deus imortal entre os homens mortais.

Περὶ τῆς εὐδαιμονίας

Carta sobre a felicidade
(a Meneceu)

Ἐπίκουρος Μενοικεῖ χαιρεῖν.

Μήτε νέος τις ὢν μελλέτω φιλοσοφεῖν, μήτε γέρων ὑπάρχων κοπιάτω φιλοσοφῶν. οὔτε γὰρ ἄωρος οὐδείς ἐστιν οὔτε πάρωρος πρὸς τὸ κατὰ ψυχὴν ὑγιαῖνον. ὁ δὲ λέγων ἢ μήπω τοῦ φιλοσοφεῖν ὑπάρχειν ὥραν ἢ παρεληλυθέναι τὴν ὥραν, ὅμοιός ἐστιν τῷ λέγοντι πρὸς εὐδαιμονίαν ἢ μὴ παρεῖναι τὴν ὥραν ἢ μηκέτι εἶναι. ὥστε φιλοσοφητέον καὶ νέῳ καὶ γέροντι, τῷ μὲν ὅπως γηράσκων νεάζῃ τοῖς ἀγαθοῖς διὰ τὴν χάριν τῶν γεγονότων, τῷ δὲ ὅπως νέος ἅμα καὶ παλαιὸς ᾖ διὰ τὴν ἀφοβίαν τῶν μελλόντων·

Epicuro envia suas saudações a Meneceu

Que ninguém hesite em se dedicar à filosofia enquanto jovem, nem se canse de fazê-lo depois de velho, porque ninguém jamais é demasiado jovem ou demasiado velho para alcançar a saúde do espírito. Quem afirma que a hora de dedicar--se à filosofia ainda não chegou, ou que ela já passou, é como se dissesse que ainda não chegou ou que já passou a hora de ser feliz. Desse modo, a filosofia é útil tanto ao jovem quanto ao velho: para quem está envelhecendo sentir-se rejuvenescer por meio da grata recordação das coisas que já se foram, e para o jovem poder envelhecer sem sentir medo das coisas que estão

μελετᾶν οὖν χρὴ τὰ ποιοῦντα τὴν εὐδαιμονίαν, εἴπερ παρούσης μὲν αὐτῆς πάντα ἔχομεν, ἀπούσης δὲ πάντα πράττομεν εἰς τὸ ταύτην ἔχειν.|

Ἃ δέ σοι συνεχῶς παρήγγελλον, ταῦτα καὶ πρᾶττε καὶ μελέτα, στοιχεῖα τοῦ καλῶς ζῆν ταῦτ᾽ εἶναι διαλαμβάνων.

Πρῶτον μὲν τὸν θεὸν ζῷον ἄφθαρτον καὶ μακάριον νομίζων, ὡς ἡ κοινὴ τοῦ θεοῦ νόησις ὑπεγράφη, μηθὲν μήτε τῆς ἀφθαρσίας ἀλλότριον μήτε τῆς μακαριότητος ἀνοίκειον αὐτῷ πρόσαπτε·

por vir; é necessário, portanto, cuidar das coisas que trazem a felicidade, já que, estando esta presente, tudo temos, e, sem ela, tudo fazemos para alcançá-la.

Pratica e cultiva então aqueles ensinamentos que sempre te transmiti, na certeza de que eles constituem os elementos fundamentais para uma vida feliz.

Em primeiro lugar, considerando a divindade como um ente imortal e bem--aventurado, como sugere a percepção comum de divindade, não atribuas a ela nada que seja incompatível com a sua imortalidade, nem inadequado à sua bem-aventurança; pensa a

πᾶν δὲ τὸ φυλάττειν αὐτοῦ δυνάμενον τὴν μετὰ ἀφθαρσίας μακαριότητα περὶ αὐτὸν δόξαζε. θεοί μεν γὰρ εἰσίν· ἐναργὴς γὰρ αὐτῶν ἐστιν ἡ γνῶσις· οἴους δ᾽ αὐτοὺς <οἱ> πολλοὶ νομίζουσιν, οὐκ εἰσίν· οὐ γὰρ φυλάττουσιν αὐτοὺς οἴους νοοῦσιν. ἀσεβὴς δὲ οὐχ ὁ τοὺς τῶν πολλῶν θεοὺς ἀναιρῶν, ἀλλ᾽ ὁ τὰς τῶν πολλῶν δόξας θεοῖς προσάπτων.| οὐ γὰρ προλήψεις εἰσὶν ἀλλ᾽ ὑπολήψεις ψευδεῖς αἱ τῶν πολλῶν ὑπὲρ θεῶν ἀποφάσεις. Ἔνθεν αἱ μέγισται βλάβαι [αἴτιαι τοῖς κακοῖς] ἐκ θεῶν ἐπάγονται καὶ ὠφέλειαι. ταῖς γὰρ ἰδίαις οἰκειούμενοι διὰ παντὸς ἀρεταῖς τοὺς ὁμοίους

respeito dela tudo que for capaz de conservar-
-lhe felicidade e imortalidade.

Os deuses de fato existem e é evidente o conhecimento que temos deles; já a imagem que deles faz a maioria das pessoas, essa não existe: as pessoas não costumam preservar a noção que têm dos deuses. Ímpio não é quem rejeita os deuses em que a maioria crê, mas sim quem atribui aos deuses os falsos juízos dessa maioria. Com efeito, os juízos do povo a respeito dos deuses não se baseiam em noções inatas, mas em opiniões falsas. Daí a crença de que eles causam os maiores malefícios aos maus e os maiores benefícios aos bons. Irmanados pelas suas próprias virtudes, eles só aceitam a

ἀποδέχονται, πᾶν τὸ μὴ τοιοῦτον ὡς ἀλλότριον νομίζοντες.

Συνέθιζε δὲ ἐν τῷ νομίζειν μηδὲν πρὸς ἡμᾶς εἶναι τὸν θάνατον· ἐπεὶ πᾶν ἀγαθὸν καὶ κακὸν ἐν αἰσθήσει· στέρησις δέ ἐστιν αἰσθήσεως ὁ θάνατος. ὅθεν γνῶσις ὀρθὴ τοῦ μηθὲν εἶναι πρὸς ἡμᾶς τὸν θάνατον ἀπολαυστὸν ποιεῖ τὸ τῆς ζωῆς θνητόν, οὐκ ἄπειρον προστιθεῖσα χρόνον, ἀλλὰ τὸν τῆς ἀθανασίας ἀφελομένη πόθον.| οὐθὲν γάρ ἐστιν ἐν τῷ χατειληφότι γνησίως τὸ μηδὲν ὑπάρχειν ἐν τῷ μὴ ζῆν δεινόν. ὥστε μάταιος ὁ λέγων δεδιέναι τὸν θάνατον οὐχ ὅτι λυπήσει παρών, ἀλλ᾽ ὅτι

convivência com os seus semelhantes e consideram estranho tudo que seja diferente deles.

Acostuma-te à ideia de que a morte para nós não é nada, visto que todo bem e todo mal residem nas sensações, e a morte é justamente a privação das sensações. A consciência clara de que a morte não significa nada para nós proporciona a fruição da vida efêmera, sem querer acrescentar-lhe tempo infinito e eliminando o desejo de imortalidade.

Não existe nada de terrível na vida para quem está perfeitamente convencido de que não há nada de terrível em deixar de viver. É tolo, portanto, quem diz ter medo da morte, não porque a chegada desta lhe trará sofrimento,

28 • Epicuro

λυπεῖ μέλλων. ὁ γὰρ παρὸν οὐκ ἐνοχλεῖ, προσδοκώμενον κενῶς λυπεῖ. τὸ φρικωδέστατον οὖν τῶν κακῶν ὁ θάνατος οὐθὲν πρὸς ἡμᾶς, ἐπειδήπερ ὅταν μὲν ἡμεῖς, ὦμεν ὁ θάνατος οὐ πάρεστιν, ὅταν δὲ ὁ θάνατος παρῇ, τόθ᾽ ἡμεῖς οὐκ ἐσμέν. οὔτε οὖν πρὸς τοὺς τετελευτηκότας, ἐπειδήπερ περὶ οὓς μὲν οὐκ ἔστιν, οἳ δ᾽ οὐκέτι εἰσίν. ἀλλ᾽ οἱ πολλοὶ τὸν θάνατον ὁτὲ μὲν ὡς μέγιστον τῶν κακῶν φεύγουσιν, ὁτὲ δὲ ὡς ἀνάπαυσιν τῶν ἐν τῷ ζῆν <κακῶν αἱροῦνται, ὁ δὲ σοφὸς

Carta sobre a felicidade • 29

mas porque o aflige a própria espera: aquilo que não nos perturba quando presente não deveria afligir-nos enquanto está sendo esperado.

Então, o mais terrível de todos os males, a morte, não significa nada para nós, justamente porque, quando estamos vivos, é a morte que não está presente; ao contrário, quando a morte está presente, nós é que não estamos. A morte, portanto, não é nada, nem para os vivos, nem para os mortos, já que para aqueles ela não existe, ao passo que estes não estão mais aqui. E, no entanto, a maioria das pessoas ora foge da morte como se fosse o maior dos males, ora a deseja como descanso dos males da vida.

οὔτε παραιτεῖται τὸ ζῆν>| οὔτε φοβεῖται τὸ μὴ ζῆν. οὔτε γὰρ αὐτῷ προσίσταται τὸ ζῆν οὔτε δοξάζεται κακὸν εἶναί τι τὸ μὴ ζῆν. ὥσπερ δὲ τὸ σιτίον οὐ τὸ πλεῖστον πάντως ἀλλὰ τὸ ἥδιστον αἱρεῖται, οὕτω καὶ χρόνον οὐ τὸν μήκιστον ἀλλὰ τὸν ἥδιστον καρπίζεται.

Ὁ δὲ παραγγέλλων τὸν μὲν νέον καλῶς ζῆν, τὸν δὲ γέροντα καλῶς καταστρέφειν, εὐήθης ἐστὶν οὐ μόνον διὰ τὸ τῆς ζωῆς ἀσπαστόν, ἀλλὰ καὶ διὰ τὸ τὴν αὐτὴν εἶναι μελέτην τοῦ καλῶς ζῆν καὶ τοῦ καλῶς ἀποθνήσκειν. πολὺ δὲ χείρων καὶ ὁ λέγων· καλὸν μὴ φῦναι,

Carta sobre a felicidade • 31

O sábio, porém, nem desdenha viver, nem teme deixar de viver; para ele, viver não é um fardo e não viver não é um mal.

Assim como opta pela comida mais saborosa e não pela mais abundante, do mesmo modo ele colhe os doces frutos de um tempo bem vivido, ainda que breve.

Quem aconselha o jovem a viver bem e o velho a morrer bem não passa de um tolo, não só pelo que a vida tem de agradável para ambos, mas também porque se deve ter exatamente o mesmo cuidado em honestamente viver e em honestamente morrer. Mas pior ainda é aquele que diz: bom seria não ter nascido,

φύτα δ 'ὅπως ὥκιστα πύλας Ἀΐδαο περῆσαι.

εἰ μὲν γὰρ πεποιθὼς τοῦτό φησιν, πῶς οὐκ ἀπέρχεται ἐκ τοῦ ζῆν; ἐν ἑτοίμῳ γὰρ αὐτῷ τοῦτ 'ἐστίν, εἴπερ ἦν βεβουλευμένον αὐτῷ βεβαίως· εἰ δὲ μωκώμενος, μάταιος ἐν τοῖς οὐκ ἐπιδεχομένοις.

Μνημονευτέον δὲ ὡς τὸ μέλλον οὔτε πάντως ἡμέτερον οὔτε πάντως οὐχ ἡμέτερον, ἵνα μήτε πάντως προσμένωμεν ὡς ἐσόμενον μήτε ἀπελπίζωμεν ὡς πάντως οὐκ ἐσόμενον.

mas, uma vez nascido, transpor o mais depressa possível as portas do Hades.

Se ele diz isso com plena convicção, por que não se vai desta vida? Pois é livre para fazê-lo, se for esse realmente seu desejo; mas se o disse por brincadeira, foi um frívolo em falar de coisas que brincadeira não admitem.

Nunca devemos nos esquecer de que o futuro não é nem totalmente nosso, nem totalmente não nosso, para não sermos obrigados a esperá-lo como se estivesse por vir com toda a certeza, nem nos desesperarmos como se não estivesse por vir jamais.

34 • Epicuro

Ἀναλογιστέον δὲ ὡς τῶν ἐπιθυμιῶν αἱ μέν εἰσι φυσικαί, αἱ δὲ κεναί, καὶ τῶν φυσικῶν αἱ μὲν ἀναγκαῖαι, αἱ δὲ φυσικαὶ μόνον· τῶν δὲ ἀναγκαίων αἱ μὲν πρὸς εὐδαιμονίαν εἰσὶν ἀναγκαῖαι, αἱ δὲ πρὸς τὴν τοῦ σώματος ἀοχλησίαν, αἱ δὲ πρὸς αὐτὸ τὸ ζῆν.| τούτων γὰρ ἀπλανὴς θεωρία πᾶσαν αἵρεσιν καὶ φυγὴν ἐπανάγειν οἶδεν ἐπὶ τὴν τοῦ σώματος ὑγίειαν καὶ τὴν τῆς ψυχῆς ἀταραξίαν, ἐπεὶ τοῦτο τοῦ μακαρίως ζῆν ἐστι τέλος. τούτου γὰρ χάριν πάντα πράττομεν, ὅπως μήτε ἀλγῶμεν μήτε ταρβῶμεν. ὅταν δὲ ἅπαξ τοῦτο περὶ ἡμᾶς γένηται, λύεται πᾶς ὁ τῆς ψυχῆς χειμών, οὐκ ἔχοντος

Consideremos também que, dentre os desejos, há os que são naturais e os que são inúteis; dentre os naturais, há uns que são necessários e outros, apenas naturais; dentre os necessários, há alguns que são fundamentais para a felicidade, outros, para o bem-estar corporal, outros, ainda, para a própria vida. E o conhecimento seguro dos desejos leva a direcionar toda escolha e toda recusa para a saúde do corpo e para a serenidade do espírito, visto que esta é a finalidade da vida feliz: em razão desse fim praticamos todas as nossas ações, para nos afastarmos da dor e do medo.

Uma vez que tenhamos atingido esse estado, toda a tempestade da alma se aplaca, e o ser

36 • Epicuro

τοῦ ζῴου βαδίζειν ὡς πρὸς ἐνδέον τι καὶ ζητεῖν ἕτερον ᾧ τὸ τῆς ψυχῆς καὶ τοῦ σώματος ἀγαθὸν συμπληρώσεται. τότε γὰρ ἡδονῆς χρείαν ἔχομεν, ὅταν ἐκ τοῦ μὴ παρεῖναι τὴν ἡδονὴν ἀλγῶμεν· <ὅταν δὲ μὴ ἀλγῶμεν> οὐκέτι τῆς ἡδονῆς δεόμεθα.

Καὶ διὰ τοῦτο τὴν ἡδονὴν ἀρχὴν καὶ τέλος λέγομεν εἶναι τοῦ μακαρίως ζῆν.| ταύτην γὰρ ἀγαθὸν πρῶτον καὶ συγγενικὸν ἔγνωμεν, καὶ ἀπὸ ταύτης καταρχόμεθα πάσης αἱρέσεως καὶ φυγῆς, καὶ ἐπὶ ταύτην καταντῶμεν ὡς κανόνι τῷ πάθει πᾶν ἀγαθὸν κρίνοντες. Καὶ ἐπεὶ πρῶτον ἀγαθὸν τοῦτο καὶ σύμφυτον, διὰ τοῦτο καὶ οὐ πᾶσαν ἡδονὴν αἱρούμεθα,

vivo, não tendo que ir em busca de algo que lhe falta, nem procurar outra coisa a não ser o bem da alma e do corpo, estará satisfeito. De fato, só sentimos necessidade do prazer quando sofremos pela sua ausência; ao contrário, quando não sofremos, essa necessidade não se faz sentir.

É por essa razão que afirmamos que o prazer é o início e o fim de uma vida feliz. Com efeito, nós o identificamos como o bem primeiro e inerente ao ser humano, em razão dele praticamos toda escolha e toda recusa, e a ele chegamos escolhendo todo bem de acordo com a distinção entre prazer e dor.

Embora o prazer seja nosso bem primeiro e inato, nem por isso escolhemos qualquer prazer:

ἀλλ 'ἔστιν ὅτε πολλὰς ἡδονὰς ὑπερβαίνομεν, ὅταν πλεῖον ἡμῖν τὸ δυσχερὲς ἐκ τούτων ἔπηται· καὶ πολλὰς ἀλγηδόνας ἡδονῶν κρείττους νομίζομεν, ἐπειδὰν μείζων ἡμῖν ἡδονὴ παρακολουθῇ πολὺν χρόνον ὑπομείνασι τὰς ἀλγηδόνας. πᾶσα οὖν ἡδονὴ διὰ τὸ φύσιν ἔχειν οἰκείαν ἀγαθὸν, οὐ πᾶσα μέντοι αἱρετή· καθάπερ καὶ ἀλγηδὼν πᾶσα κακόν, οὐ πᾶσα δὲ ἀεὶ φευκτὴ πεφυκυῖα. | τῇ μέντοι συμμετρήσει καὶ συμφερόντων καὶ ἀσυμφόρων βλέψει ταῦτα πάντα κρίνειν καθήκει. χρώμεθα γὰρ τῷ μὲν ἀγαθῷ κατά τινας χρόνους ὡς κακῷ τῷ δὲ κακῷ τοὔμπαλιν ὡς ἀγαθῷ.

há ocasiões em que evitamos muitos prazeres, quando deles nos advêm efeitos o mais das vezes desagradáveis; ao passo que consideramos muitos sofrimentos preferíveis aos prazeres, se um prazer maior advier depois de suportarmos essas dores por muito tempo. Portanto, todo prazer constitui um bem por sua própria natureza; não obstante isso, nem todos são escolhidos; do mesmo modo, toda dor é um mal, mas nem todas devem ser sempre evitadas. Convém, portanto, avaliar todos os prazeres e sofrimentos de acordo com o critério dos benefícios e dos danos. Há ocasiões em que utilizamos um bem como se fosse um mal e, ao contrário, um mal como se fosse um bem.

Καὶ τὴν αὐτάρκειαν δὲ ἀγαθὸν μέγα νομίζομεν, οὐχ᾽ ἵνα πάντως τοῖς ὀλίγοις χρώμεθα ἀλλ᾽ ὅπως, ἐὰν μὴ ἔχωμεν τὰ πολλά, τοῖς ὀλίγοις ἀρκώμεθα, πεπεισμένοι γνησίως ὅτι ἥδιστα πολυτελείας ἀπολαύουσιν οἱ ἥκιστα ταύτης δεόμενοι, καὶ ὅτι τὸ μὲν φυσικὸν πᾶν εὐπόριστόν ἐστι, τὸ δὲ κενὸν δυσπόριστον, οἵ τε λιτοὶ χυλοὶ ἴσην πολυτελεῖ διαίτῃ τὴν ἡδονὴν ἐπιφέρουσιν, ὅταν ἅπαξ τὸ ἀλγοῦν κατ᾽ ἔνδειαν ἐξαιρεθῇ,| καὶ μᾶζα καὶ ὕδωρ τὴν ἀκροτάτην ἀποδίδωσιν ἡδονήν, ἐπειδὰν ἐνδέως τις αὐτὰ προσενέγκηται. τὸ συνεθίζειν οὖν ἐν ταῖς ἁπλαῖς καὶ οὐ πολυτελέσι διαίταις καὶ ὑγιείας

Consideramos ainda a autossuficiência um grande bem; não que devamos nos satisfazer com pouco, mas para nos contentarmos com esse pouco caso não tenhamos o muito, honestamente convencidos de que desfrutam melhor a abundância os que menos dependem dela; tudo o que é natural é fácil de conseguir; difícil é tudo o que é inútil.

Os alimentos mais simples proporcionam o mesmo prazer que as iguarias mais requintadas, desde que se remova a dor provocada pela falta: pão e água produzem o prazer mais profundo quando ingeridos por quem deles necessita.

Habituar-se às coisas simples, a um modo de vida não luxuoso, portanto, não só é conve-

ἐστὶ συμπληρωτικὸν καὶ πρός· τὰς ἀναγκαίας τοῦ βίου χρήσεις ἄοκνον ποιεῖ τὸν ἄνθρωπον καὶ τοῖς πολυτελέσιν ἐκ διαλειμμάτων προσερχομένοις κρεῖττον ἡμᾶς διατίθησι καὶ πρὸς τὴν τύχην ἀφόβους παρασκευάζει.

Ὅταν οὖν λέγωμεν ἡδονὴν τέλος ὑπάρχειν, οὐ τὰς τῶν ἀσώτων ἡδονὰς καὶ τὰς ἐν ἀπολαύσει κειμένας λέγομεν, ὥς τινες ἀγνοοῦντες καὶ οὐχ ὁμολογοῦντες ἢ κακῶς ἐκδεχόμενοι νομίζουσιν, ἀλλὰ τὸ μήτε ἀλγεῖν κατὰ σῶμα μήτε ταράττεσθαι κατὰ ψυχήν.

Carta sobre a felicidade • 43

niente para a saúde, como ainda proporciona ao homem os meios para enfrentar corajosamente as adversidades da vida: nos períodos em que conseguimos levar uma existência rica, predispõe o nosso ânimo para melhor aproveitá-la, e nos prepara para enfrentar sem temor as vicissitudes da sorte.

Quando então dizemos que o fim último é o prazer, não nos referimos aos prazeres dos intemperantes ou aos que consistem no gozo dos sentidos, como acreditam certas pessoas que ignoram o nosso pensamento, ou não concordam com ele, ou o interpretam erroneamente, mas ao prazer que é ausência de sofrimentos físicos e de perturbações da alma. Não são, pois,

44 • Epicuro

| οὐ γὰρ πότοι καὶ κῶμοι συνείροντες οὐδ᾽ ἀπολαύσεις παίδων καὶ γυναικῶν οὐδ᾽ ἰχθύων καὶ τῶν ἄλλων ὅσα φέρει πολυτελὴς τράπεζα, τὸν ἡδὺν γεννᾷ βίον, ἀλλὰ νήφων λογισμὸς καὶ τὰς αἰτίας ἐξερευνῶν πάσης αἱρέσεως καὶ φυγῆς καὶ τὰς δόξας ἐξελαύνων, ἐξ ὧν πλεῖστος τὰς ψυχὰς καταλαμβάνει θόρυβος.

Τούτων δὲ πάντων ἀρχὴ καὶ τὸ μέγιστον ἀγαθὸν φρόνησις. διὸ καὶ φιλοσοφίας τιμιώτερον ὑπάρχει φρόνησις, ἐξ ἧς αἱ λοιπαὶ πᾶσαι πεφύκασιν ἀρεταί, διδάσκουσα ὡς οὐκ ἔστιν ἡδέως ζῆν ἄνευ τοῦ φρονίμως καὶ καλῶς καὶ δικαίως, <οὐδὲ φρονίμως καὶ καλῶς καὶ δικαίως>

Carta sobre a felicidade • 45

bebidas nem banquetes contínuos, nem a posse de mulheres e rapazes, nem o sabor dos peixes ou das outras iguarias de uma mesa farta que tornam doce uma vida, mas um exame cuidadoso que investigue as causas de toda escolha e de toda rejeição e que remova as opiniões falsas em virtude das quais uma imensa perturbação toma conta dos espíritos. De todas essas coisas, a prudência é o princípio e o supremo bem, razão pela qual ela é mais preciosa do que a própria filosofia; é dela que originaram todas as demais virtudes; é ela que nos ensina que não existe vida feliz sem prudência, beleza e justiça, e que não existe prudência, beleza e justiça sem felicidade.

ἄνευ τοῦ ἡδέως. συμπεφύκασι γὰρ αἱ ἀρεταὶ τῷ ζῆν ἡδέως καὶ τὸ ζῆν ἡδέως τούτων ἐστιν ἀχώριστον. |

Ἐπεὶ τίνα νομίζεις εἶναι κρείττονα τοῦ καὶ περὶ θεῶν ὅσια δοξάζοντος καὶ περὶ θανάτου διὰ παντὸς ἀφόβως ἔχοντος καὶ τὸ τῆς φύσεως ἐπιλελογισμένου τέλος καὶ τὸ μὲν τῶν ἀγαθῶν πέρας ὡς ἔστιν εὐσυμπλήρωτόν τε καὶ εὐπόριστον διαλαμβάνοντος, τὸ δὲ τῶν κακῶν ὡς ἢ χρόνους ἢ πόνους ἔχει βραχεῖς; τὴν δὲ ὑπό τινων δεσπότιν εἰσαγομένην πάντων ἀγγέλλοντος... <ὧν ἃ μὲν παρ᾽ ἀνάγκην ἐστίν,> ἃ δὲ ἀπὸ τύχης, ἃ δὲ παρ᾽ ἡμᾶς, διὰ τὸ τὴν μὲν ἀνάγκην ἀνυπεύθυνον εἶναι,

Carta sobre a felicidade • 47

Porque as virtudes estão intimamente ligadas à felicidade, e a felicidade é inseparável delas.

Na tua opinião, será que pode existir alguém mais feliz do que o sábio, que tem um juízo reverente acerca dos deuses, que se comporta de modo absolutamente indiferente perante a morte, que bem compreende a finalidade da natureza, que discerne que o bem supremo está nas coisas simples e fáceis de obter, e que o mal supremo ou dura pouco, ou só nos causa sofrimentos leves? Que nega o destino, apresentado por alguns como o senhor de tudo, já que as coisas acontecem ou por necessidade, ou por acaso, ou por vontade nossa; e que a necessidade é incoercível, o acaso, instável, enquanto

τὴν δὲ τύχην ἄστατον ὁρᾶν, τὸ δὲ παρ᾽ ἡμᾶς ἀδέσποτον, ᾧ καὶ τὸ μεμπτὸν καὶ τὸ ἐναντίον παρακολουθεῖν πέφυκεν.

᾽Επει κρεῖττον ἦν τῷ περὶ θεῶν μύθῳ κατακολουθεῖν ἢ τῇ τῶν φυσικῶν εἱμαρμένῃ δουλεύειν· ὁ μὲν γὰρ ἐλπίδα παραιτήσεως ὑπογράφει θεῶν διὰ τιμῆς, ἡ δὲ ἀπαραίτητον ἔχει τὴν ἀνάγκην. τὴν δὲ τύχην οὔτε θεόν, ὡς οἱ πολλοὶ νομίζουσιν, ὑπολαμβάνων, - οὐθὲν γὰρ ἀτάκτως θεῷ πράττεται - οὔτε ἀβέβαιον αἰτίαν, <οὐκ> οἴεται μὲν γὰρ ἀγαθὸν ἢ κακὸν ἐκ ταύτης πρὸς τὸ μακαρίως ζῆν ἀνθρώποις δίδοσθαι, ἀρχὰς μέντοι μεγάλων ἀγαθῶν ἢ κακῶν ὑπὸ ταύτης χορηγεῖσθαι·

Carta sobre a felicidade • 49

nossa vontade é livre, razão pela qual nos acompanham a censura e o louvor?

Mais vale aceitar o mito dos deuses, do que ser escravo do destino dos naturalistas: o mito pelo menos nos oferece a esperança do perdão dos deuses por meio das homenagens que lhes prestamos, ao passo que o destino é uma necessidade inexorável.

Entendendo que a sorte não é uma divindade, como a maioria das pessoas acredita (pois um deus não faz nada ao acaso), nem algo incerto, o sábio não crê que ela proporcione aos homens nenhum bem ou nenhum mal que sejam fundamentais para uma vida feliz, mas, sim, que dela pode surgir o início de grandes

| κρεῖττον εἶναι νομίζει εὐλογίστως ἀτυχεῖν ἢ ἀλογίστως εὐτυχεῖν· βέλτιον γὰρ ἐν ταῖς πράξεσι τὸ καλῶς κριθὲν <μὴ ὀρθωθῆναι ἢ τὸ μὴ καλῶς κριθὲν> ὀρθωθῆναι διὰ ταύτην.

Ταῦτα οὖν καὶ τὰ τούτοις συγγενῆ μελέτα πρὸς σεαυτὸν ἡμέρας καὶ νυκτὸς <καὶ> πρὸς τὸν ὅμοιον σεαυτῷ, καὶ οὐδέποτε οὔθ ᾽ὕπαρ οὔτ ᾽ὄναρ διαταραχθήσῃ, ζήσῃ δὲ ὡς θεὸς ἐν ἀνθρώποις. οὐθὲν γὰρ ἔοικε θνητῷ ζῴῳ ζῶν ἄνθρωπος ἐν ἀθανάτοις ἀγαθοῖς.

bens e de grandes males. A seu ver, é preferível ser desafortunado e sábio, a ser afortunado e tolo; na prática, é melhor que um bom projeto não chegue a bom termo, do que chegue a ter êxito um projeto mau.

Medita, pois, todas estas coisas e muitas outras a elas congêneres, dia e noite, contigo mesmo e com teus semelhantes, e nunca mais te sentirás perturbado, quer acordado, quer dormindo, mas viverás como um deus entre os homens. Porque não se assemelha absolutamente a um mortal o homem que vive entre bens imortais.

SOBRE O LIVRO

Formato: 10 x 14,5 cm
Mancha: 18 x 30,5 paicas
Tipologia: Iowan Old Style 10/23
Papel: Pólen 80 g/m² (miolo)
1ª edição: 1997

EQUIPE DE REALIZAÇÃO

Edição de Texto
Samuel Grecco Savickas (Preparação de Original)
Adriana Moreira Pedro (Revisão)

Editoração Eletrônica
Lourdes Guacira da Silva Simonelli

Capa
Celso Carramenha Linck

Impressão e Acabamento:

www.graficaexpressaoearte.com.br